JN267848

人生は かなり ピクニック

絵と文 * 山崎拓巳

TAKUMI YAMAZAKI

Turn your life into a picnic !

人生は
ピクニック

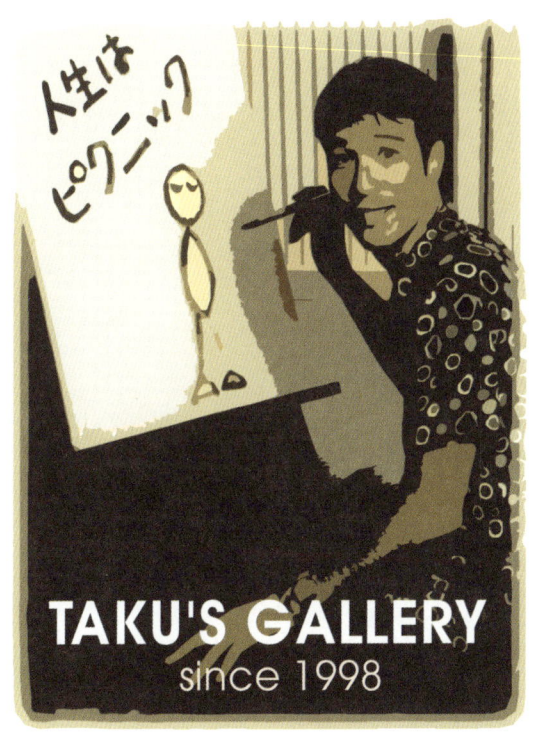

TAKU'S GALLERY
since 1998

welcome !

EVERYTHING goes well

Life is like a picnic

人生に起きることは全てベスト。
何に対してのベスト？
「あなたの望んでいる未来」に対してのベスト！

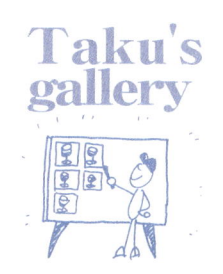

Taku's gallery

Hope

every friends around me

will

be HAPPY!

Life is like a picnic

穏やかな時間の中、未来予想図を描きたい。
クリエイティブな空想の世界に
自分が100％没頭できる贅沢な時間。

Taku's
gallery

Feeling is a barometer

Life is like a picnic

1日1日をアート作品のように創り出そう。
自分の人格に影響を与えるような経験をしよう。

体感時間がバロメーター。

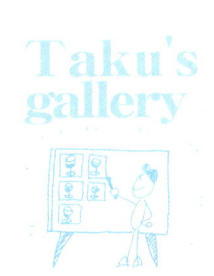

Taku's
gallery

Come back to yourself

Life is like a picnic

自分のサイズを「何か」で測っていない人は素敵だ。
「素敵な人」と「素敵と思われたい人」の違い。
人のエネルギーを奪ったり奪われたりしない
「自己完結した」生き方。

Taku's
gallery

Decide when you are at heart

Life is like a picnic

穏やかな心でいよう。
心が乱れそうなときこそ平常心でいよう。
自分の心が自分の中心にあるとき平常心はやってくる。

Taku's gallery

Start new life from now on

Life is like a picnic

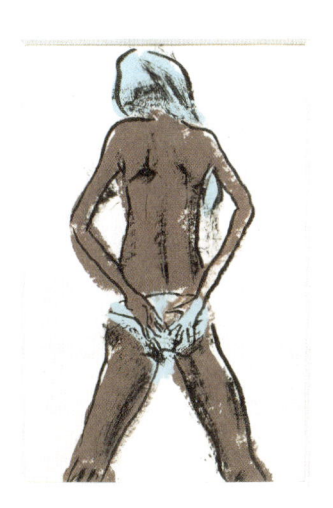

起きていることに意味を与えているのはあなたです。

Taku's gallery

You are the hero of your life movie !

人生はかなりピクニック

絵と文 ★ 山崎拓巳

C O N T

- ❶ 魔法使いにでもなってみるか？
- ❷ 何が見えているのか？
- ❸ 楽しく生きていいよ！
- ❹ あなたは誰？
- ❺ 紙に夢を書いてみよう！
- ❻ 優先順位は芸風だ！
- ❼ 具体的にやってみよう！
- ❽ 大切なことをする
- ❾ 僕のスケジュール帳
- ❿ テンションの高い平常心
- ⓫ 主人公はあなただ！
- ⓬ 人生に起きることは全てベスト
- ⓭ 問題は出口を感じてから対処する
- ⓮ 映画のように時間を過ごす
- ⓯ 会話を楽しもう！
- ⓰ あなたの「素敵！」を集めよう！
- ⓱ カメラを持って街に出る
- ⓲ 絵を描く
- ⓳ 美術館のカフェで時間を過ごす
- ⓴ 旅に出よう
- ㉑ 紙にただ思いつくことを書いてみよう！
- ㉒ ひとりで考える時間を持とう！
- ㉓ ハガキを買う・FAXを送る
- ㉔ その気になったら変化が始まる
- ㉕ 自己完結する

ENTS

- ㉖ 本を読もう
- ㉗ おまじないを教えてあげる
- ㉘ シーカヤックにのって海に出る
- ㉙ あなたと出逢った人にいいことが起きますように
- ㉚ あなたしかできないことを発見しよう！
- ㉛ あなたが歩いた後に花が咲く
- ㉜ 呼吸はゆっくり、深く
- ㉝ 話した言葉より思っていることが伝わる
- ㉞ あなたの周りに人が集まる
- ㉟ 凄いことは人生の中でアッサリ起きていい
- ㊱ アンティークになっていくモノ
- ㊲ 凄い人と出逢う
- ㊳ ソウルメイトは誰だ？
- ㊴ てれずにほめよう
- ㊵ インディアンに恋をして
- ㊶ 両手を合わせて
- ㊷ 「ありがとう」の素敵な人になる
- ㊸ 怒ったときには判断しない
- ㊹ 言い忘れてた「ゴメンナサイ」…
- ㊺ 慌てることはない
- ㊻ ハートを鍛えよう
- ㊼ 体感時間がバロメーター
- ㊽ この人と出逢えてよかった
- ㊾ 人生はピクニック

Let`s make a magic !

Chapter 1
魔法使いにでもなってみるか？

❶ 魔法使いにでもなってみるか？

「夢をかなえたい人」
「素敵に変化したい人」
「実現したい事がある人」
「自由になりたい人」
「新しい自分を発見したい人」
「知的好奇心を満たしたい人」
「豊かになりたい人」
「穏やかになりたい人」
「しなやかになりたい人」
「お金持ちになりたい人」
「凄いオーラの持ち主になりたい人」
「存在感のある自分になりたい人」…………集まれ！

それらの想いを実現した人に数多く会ってきました。
会って素敵なヒントをたくさんもらってきました。
どこか共通点があることに気付きました。

その人達の持っていた「魔法の力」。

魔法に出会う度、試してみる。
話し始めると、また何かヒントがある。

気付いたときには「魔法」が使えるようになっていました。

「何のためにこの星に来たの？」
何のために生まれてきたのかを思い出そう！

毎日、楽しく過ごしていいよ！
人生はピクニック。

49の魔法、言葉のメッセージを送ります。

magic 「毎日を楽しく生きるために
あなたはこの星にやってきた」

The scene you choose

Chapter 2
何が見えているのか？

❷ 何が見えているのか？

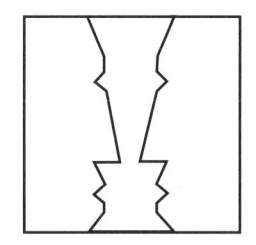

図の中には二つの風景が入っています。
「二つの顔」と思えば二つの顔に、「花瓶」と思えば花瓶に見える。
心に描いたものを風景の中から選んでいる。
現実も同じ。天文学的な数の風景から自分の意識したモノを人は選び出している。
妊婦になると急に街中、妊婦が歩き出す。
欲しい車は必ず街のあちこちを走る。
グッチのカバンを持つと街でグッチをよく見かける。
テレビでラグビーの番組を見た次の日、学生時代ラグビー部だった人に会う。
好きなミュージシャンの曲を必ず街で耳にする。
[MAC使い]は[MAC使い]と出逢う。
偶然テレビをつけると不思議とその人がでている。

あなたがお腹の底で意識したとおりに人生は進行していく。

全てあなたが選んでる！

magic

「人生は選択の連続。
意識したモノが現れる」

Enjoy your life!

Chapter 3
楽しく生きていいよ！

❸ 楽しく生きていいよ！

いいことがあると「うれしい気持ち」になる。
悪いことがあると「かなしい気持ち」になる。
あなたの外で起きていることにあなたの心が反応している。

たまたま「顔」を意識すれば「顔」、「花瓶」を意識すれば「花瓶」。
悪いことが起きているのではなくて、そのことを意識していたから見えてきただけ。
「かなしい気持ち」になってしまった人は、「かなしい気持ち」になるキッカケを探していたのかもしれない。
「いいこと」も「悪いこと」もあなたが選んだこと。
お腹の底で意識していることが見えてくる。

じゃ、いいことが起きるようにするにはどうしたらいいの？
「楽しい気持ち」でいつもいること。
するとうれしくなるようなことが集まってくる。
「楽しい気持ち」になれるのを待たずに、いつもハイな気分で過ごそう！

いいことの起きたときのあなたの気持ちってどんな気持ち？
何があなたの胸の中にあふれ出す？
何色の風が吹いている？
何色の光が射している？
心のリズムはどんなリズム？
「うれしい」をカタチにするとどんなカタチ？
かっこいいあなたってどんなあなた？

「楽しい気持ち」を先取りしながら生きていこう。

❸ magic 「いつもハイな気分で過ごそう！」

Who are you?

Chapter 4

あなたは誰？

❹ あなたは誰？

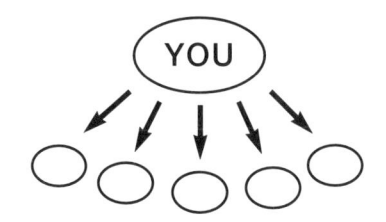

魔法を使えるあなたになる前に「あなたはいったい誰なのか？」
を探ります。
あなたという人間の因数分解。
例えば、「210」という数字を分解すると…
　　　　210＝1×2×3×5×7です。

知らない間に沢山の役柄を演じているあなた。
「あなた」を分解すると・・・
　　　あなた＝「仕事をしているあなた」×「家族の中のあなた」
　　　　　　×「彼女・彼氏としてのあなた」（夫婦として）
　　　　　　×「母・父としてのあなた」×「子供としてのあなた」
　　　　　　×「個人としてのあなた」etc…です。

あなたは誰か？ 少しずつ分かってきましたね。
役柄別に頭を交通整理。
ひとつひとつの役柄でどんなあなたを演じているの？
ひとつひとつの役柄の世界で「何が起きているか？」を把握して
みよう！
ひとつひとつの役柄の中での「未来のヴィジョン」を創り出して
いく！！
今のドラマのストーリーを未来へどう続けていきたい？
想像に制限を加えないのがコツ。
人は頭で想像できることを実現する力がある。

❹　magic　「いつも頭を交通整理」

Write down your dream in a paper

Chapter 5
紙に夢を書いてみよう！

❺ 紙に夢を書いてみよう！

あなたがワクワクするような未来のヴィジョンを紙に書いてみよう！
「夢リスト」の作成。

役柄別に未来のヴィジョンを書き出すのも楽しい。

躊躇したら書く。
あっけなく凄いことは起きていい。
ワクワクしながら書くと効果的。
意識し始めると夢の方から近づいてくる。

小さなモノから大きなモノまで。
モノからモノじゃないことまで。
高いモノから安いモノまで。
お金で買えるモノから買えないモノまで。
近い未来から遠い未来まで。

夢を紙に書くと実現する。

未来を想像しているときのあなたの顔に「ドキッ」とするような
オーラを感じる。

magic

「紙に書くと実現する」

What you want to do first makes your style

Chapter 6
優先順位は芸風だ！

❻ 優先順位は芸風だ！

役柄別に因数分解された自分の世界。
役柄別の未来のヴィジョン。
どの役柄も大切。

それに優先順位をつける。

優先順位は芸風。
あなたの芸風がうまれる。
DNAみたいに優先順位が未来を創る。
優先順位の決め方で、未来は違うカタチになっていく。

その場、その場で優先順位が変わる人がいる。
優先順位に一貫性がない。
芸風が安定していない。
振り返ってみると何も出来上がってこない。
頑張ってるんだけど結果が出ない。
忙しいけれど前に進まない。

優先順位を意識してスケジュールを入れてみる。
優先順位を意識して行動してみる。

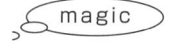

magic　　**「芸風を安定させる」**

Just do it!

Chapter 7

具体的にやってみよう！

❼ 具体的にやってみよう！

役柄別に因数分解された自分の世界を未来のヴィジョンへ進めていこう。

未来のヴィジョンに今日もまた近づくためには何をしたらいい？
そうなるためには何が起きたらいい？
具体的に何をしたら前に進むか？を見つける。

見つけたらすぐそれをスケジュールに入れる！
具体的にやってみよう！

変化が始まることを恐れない。
行動するから結果が出る。
考えているだけなら何もやってない人と同じ。

「悩んでいる人」は「迷っている人」。
「実現させるぞ！」を決めること。
この道はまだまだ先まで続いている。
こんなところで躊躇している訳にはいかない。

具体的に動いて、ドンドン前に進めていこう！

magic

「未来のことを今日もやる！」

Even if not urgent, but very important thing

Chapter 8
大切なことをする

❽ 大切なことをする

時間は誰にでも平等に与えられたモノ。
時間をセンス良く使っていきたい。

遊び上手は仕事上手。
「何であんなに遊んでいるのにちゃんと上手く行ってるわけ？」
それには訳があった。
時間を効果的に使う！
大切なことをする！
何が大切なのか？
「重要で緊急」なことが一番大切。
今日やらないといけない「重要で緊急」は何？
それを今日のスケジュールに書き込む。
「重要だが緊急ではない」と「重要ではないが緊急」、どっちが大切？
二番目に大切なのは「重要だが緊急ではない」こと。
未来を創ってくれるエリア。
ここを意識すると未来が手に取るように見えてくる。
１日にこなせるスケジュールは限られている。
スケジュールにも優先順位を付けていく。
大切なことをする！
初めは「何が重要？」と戸惑ったりする。
慣れてくると自然と解るようになる。
計画性がないと「あっ忘れてた！」と「緊急」なモノばかりに時間を割かれてしまう。
スケジュールを考える時間を毎日持つ！

❽　magic

「スケジュールを考える時間を毎日持つ！」

My schedule is always clear

Chapter 9

僕のスケジュール帳

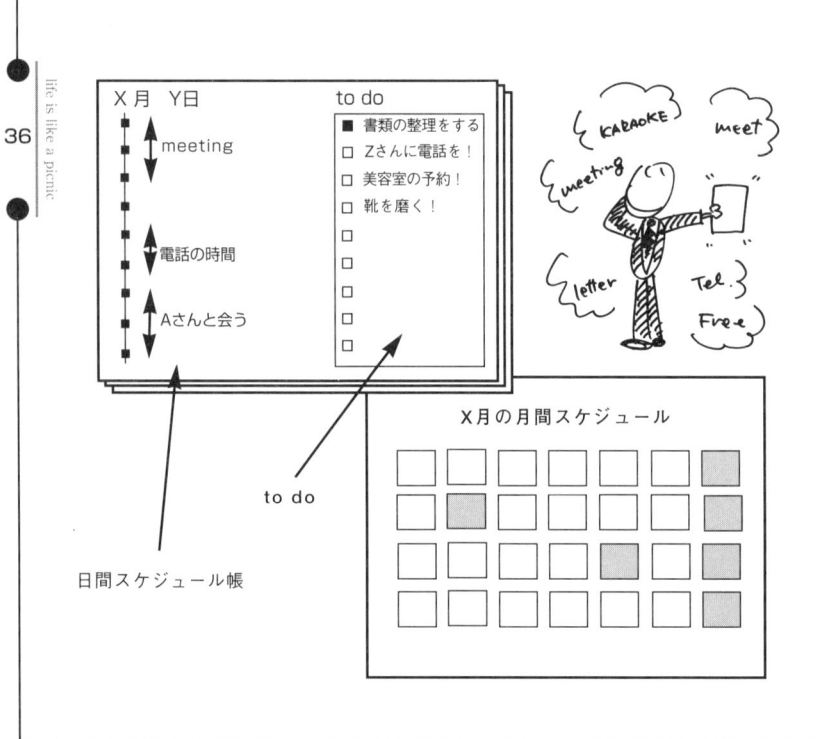

X月 Y日

meeting

電話の時間

Aさんと会う

to do
- ■ 書類の整理をする
- □ Zさんに電話を！
- □ 美容室の予約！
- □ 靴を磨く！

to do

日間スケジュール帳

X月の月間スケジュール

❾ 僕のスケジュール帳

計画を立てるのが好き。
計画を立てると時間にオーラが加わる。

「日間スケジュール帳」と「to do」と「月間スケジュール帳」の3つのツール。
「日間スケジュール帳」はその日、一日のスケジュール。
「何時から何時は何をする」を時間軸上に記入する。
1日、1ページ。

「to do」は電話をしたり手紙を書いたり…その日のうちに解決すべき雑務。
解決したらチェック欄に印を入れる。

「月間スケジュール帳」を眺めていると「あっ、そうだ!」とアイデアが浮かぶ。
「x月y日にzさんに電話を!」というアイデアが浮かんだならばx月y日の「to do」の欄に書き込む。
未来にやるべきことは「未来のページ」に書き込み、その日まで忘れていよう!
その日になると「そーだった、そーだった」と思い出す。

いつだって天からやってくるインスピレーションを受け取れるように頭の中はスッキリがいい!
いつもペラペラめくりながらスケジュール帳を眺めていると未来が見え始める。

magic

**「未来にやるべきことは
未来まで忘れてなさい!」**

The tension is hot, The mind is cool

Chapter 10

テンションの高い平常心

❿ テンションの高い平常心

「ンッ、これはいけるぞっ！」と感じるときは何をやってもうまくいく！

未来に意識の手を伸ばして触ってみる。
意識のスクリーンに未来を映し出そう！
「いいぞ！」という感覚をつかむまで、繰り返し繰り返しストーリーを練り直す。しっくりくるまで！

いい感じがしないときはあなたの感覚がずれている。
ずれているときは自分を測るものさしも一緒にずれるから、ずれている感覚はない。
いい感覚で未来が捕らえられないときはあなたのテンションが下がっている。
テンションが上がることをやってみよう。

自分の好きなものを聴いたり観たり、自分の好きな人と逢ったり笑ったり…気分の良くなることをしよう！！

気分は行動を左右する。
だから気分を左右しよう。
自分の心と上手くつき合おう！

興奮しているだけではいけない。
心は熱く、頭は冴えている状態がベスト。
「テンションの高い平常心」を持とう！

平常心のテンションが高くなると未来がクリアーに見える。
価値のある選択ができる。

magic

「気分は行動を左右する。
だから気分を左右しよう」

//
You are the hero of your life movie

Chapter 11
主人公はあなただ！

⓫ 主人公はあなただ！

「あなたの人生の主人公はあなただ！」ってことを忘れてない？
好きにストーリーを展開していいんだよ！

毎瞬、毎瞬僕達は選択を重ねている。
「私の毎日は非常に単純なもので、いつも同じだわ」
それはあなたが「昨日と同じ今日、今日と同じ明日」を演じているから。

今という瞬間、目の前に数え切れないドアが並んでいると想像して下さい。
この物語の展開は開けるドアごとに違います。
しかし、あなたはいつも同じドアを選択していませんか？

「だっていつもと違うドアを開けるのって何が起きるか分からないから怖い」
　………　何が起きるか分からないから人生は面白い。

「どのドアを開ければいいか分からない」
　………　自分の中の声を聞きなさい。あなたは知っている。
　　　　（耳を澄まそう！その声はかなり小さい）

現実から少しだけ距離をおいて時間を進行させよう。
「どっちにも進めますよ！」という余裕が大切。

主人公はあなたです。
人生という映画のストーリーを今日から新しい展開にして下さい。

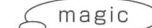

magic
**「自分の中の声を聞きなさい。
あなたは知っている」**

Everything is the best thing for you

Chapter 12
人生に起きることは全てベスト

⑫ 人生に起きることは全てベスト

人生に起きる全てのことに無駄なことはひとつもない。
全て必要だから起きている。
偶然に起きたのではなく必然に起きている。
タイミングも場所も方法もベストなカタチで起きている。

何か起きる度に「どんな意味を持ってそのことは起きたのか？」
を意識してみよう！
そこに含まれる「あなたへのメッセージ」に気付くことでしょう！

人生に起きることは全てベスト。
何に対してのベスト？
「あなたの望んでいる未来」に対してのベスト！

あなたの望んでいる未来はどんな未来？

未来を心配する気持ちは「悪いことが起きて欲しい」と同じ効果
がある。
曖昧な気持ちは「何も変化して欲しくない」と同じ効果がある。

未来のヴィジョンをハッキリ持とう。
強く強く心から望んだことは実現する。

何が起きても「これはベストなんだ！」と思い、前に進んで行こう！

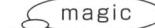

⑫ magic

「偶然という粋な方法で
メッセージはやってくる」

You have to find the exit at first

Chapter 13
問題は出口を感じてから対処する

⓭ 問題は出口を感じてから対処する

解決しなければいけない問題と出会ったときは、誰もが平静さを無くしがち。

いつもハイでいること！
含み笑いが伝染するような気分でいること。
It's a show time !

問題解決能力を養おう！
その力を身につけた人にはピクニックのように愉快な毎日がやってくる。

この問題が解決したときの気分はどんな気分？
安堵感、幸せな感じ、暖かい、明るい、うれしい、ハイ……
その気持ちで心を満たす。
それが出口だ！
その気持ちで心を満たしながら問題に対処していく。

その手順は..........
　1. 問題が起きているという事実を受けとめる。
　2.「何が起きているのか？」を把握する。
　3.「それをどうしたいのか？」を考える。
　4.「そうなる為には何をすればいいか？」を見つける。
　5. それがもう解決してしまったような爽やかさで行動する。

道に迷っても焦ることはない。
また出口を見つければいい。

magic
「それがもう解決してしまったような
爽やかさで行動する」

Spend your time like a movie star

Chapter 14

映画のように時間を過ごす

⓮ 映画のように時間を過ごす

映画館を出たときの感覚が好き。

靴音がいい感じで耳に入ってくる。
風も意味がありそう。
体の動きひとつひとつがいつもより微妙に遅い。
視線のとらえる風景もストーリーがある。

この感覚で時間を過ごそう！
日常を映画の中に溶かし始めると時間の流れが変わりだす。
何気ない仕草が変わりだす。
退屈な時間がなくなり始める。

その時間を演出していくのはあなたの想像力。

magic

「映画館を出たときの感覚で
時間を過ごそう！」

Have a good time in your communication

Chapter 15
会話を楽しもう！

⑮ 会話を楽しもう！

気の合う仲間と交わす会話。
お金では手に入らない贅沢な時間。

素敵なコンダクターが加わると素晴らしい交響曲になる。
会話を楽しむワザ！
会話はキャッチボールで成り立つ。
基本は良く聞くこと。
「聞いてるぞ！」の目。
しっかり受けとめる名キャッチャー。
その人の話を引き出していくことを意識する。
「へ～」「なるほど！」「それでそれで！？」「ほ～！」が会話の質を高めてくれる。
丁寧に受け取りやすい球を相手の胸元に投げる。
「会話のサーブ権」を待っているだけではつまらない時間になる。
ひとつひとつの言葉を大切に話す。
「あなたも正しいし私も正しい」という姿勢。
可能性を否定しない。

話すことでエネルギーがアップする。
話を聞いてあげることでその人のエネルギーがアップする。
そんな能力があなたにはある。

未来のヴィジョンを語り合おう。
傷を舐め合う会話を「魔の交換日記」と僕は呼んでいる。
未来が明るく展開していく、
そんな予感に満ちた会話は成長するための栄養素。

「会話はキャッチボールで成り立つ」

Collect your wonderful goods

Chapter 16
あなたの「素敵！」を集めよう！

⓰ あなたの「素敵!」を集めよう!

夢は知識!
知ることで未来のヴィジョンに何かが加わる。
興味と好奇心。

雑誌から映画から友達からテレビから街角から......
あなたの「素敵!」を集めよう!
あなたの「素敵!」を書き集めるノート、夢NOTEを作ろう!
心が魅かれたら夢NOTEに書き留める。

この惑星はあなたをドキドキさせるSOMETHINGで溢れている。
風景、人、街、音楽、絵、写真、風、波、空、海.....
感性の地球探検隊!

⓰ magic
「あなたは感性の地球探検隊」

Bring a camera on the street

Chapter 17
カメラを持って街に出る

⓱ カメラを持って街に出る

「カメラを持って街に出たい日」を逃さない。
その日は最高に楽しい１日になる。

カメラを持って街に出ると視界が変わる。
「目のとらえる構図」に意図が加わる。

街に何気なく美しいモノが現れる。
人の顔に表情が現れる。
風景に質感が加わる。
意識の中の風景に出逢う。

意識の中の風景は不思議な扉でイッパイだ！
知らず知らず扉を開け始め、意識の中のフリーフライトが始まる。
好きなだけさまよおう！

カメラを持って街に出ると好奇心があなたを導いてくれる。
いつもと違う道を選んだり、いつもは行かない場所へ連れて行ってくれる。

発見と驚きのsmall trip……

迷わずシャッターを切ろう。
「おどおど撮ったその一枚」から「最後の一枚を撮る」までの旅が始まる。
その風景を見たときのあなたの気持ちが写真に記憶される。

magic

**「意識の中の風景は
不思議な扉でイッパイだ」**

Communicate with yourself through picture

Chapter 18

絵を描く

⓲ 絵を描く

休息のために行ったバリ・アマヌサ。
ベットサイドにあるメモパッドに鉛筆で落書き。
「次、海外に出るときにはクレヨンと画用紙を持ってこよう」
これが僕の絵を描くキッカケ。

学生時代の苦い思い出が「絵を描く」ことから僕を遠ざけてた。
描き始めると幼い頃に戻っていく。
クレヨンが手に伝えてくれる波動が懐かしい。
　　「うまく描きたい」
　　「きれいな色を...」
　　「空を描きたい」
　　「青が好き」………
いろんな気持ちが溢れだし自分との会話が始まる。
　　「長い間話してなかったね。お久しぶり！」

何も恐れずに絵を描いてみよう！
「遊び的」がいい。
心を自由にしてあげるといろんなモノが心の中から現れ始める。

オアフとマウイに遊びに行った。
オアフで描いた絵とマウイで描いた絵は全く違った。
描く場所は心に大きく影響する。
自分の深いところが何を感じているかを知ることができる。

　　「N.Y.のSOHOで絵の個展をやってみませんか？」
　　「やる！を決めると絵が変わりますよ！」

　　「自分の中から今はまだ出てきてない絵に逢ってみたい！」
　　って思った。

かつて、夢NOTEに書いた夢がこうして実現していく。

magic

「絵を描くことは自分との会話」

Inspirational cafe at the museum

Chapter 19
美術館のカフェで時間を過ごす

⑲ 美術館のカフェで時間を過ごす

非日常的な場所でのインスピレーション。
既成概念のない未来予想図。

美術館のカフェで過ごす時間が好き。

穏やかな時間の中、未来予想図を描きたい。
クリエイティブな空想の世界に自分が100％没頭できる贅沢な時間。

家を出掛ける瞬間から不思議な時間が始まる。

経験しないとわからない。
お薦めのカフェをお伝えします。

品川・原美術館、「カフェ・ダール」
丸亀・猪熊弦一郎現代美術館、「カフェレストミモカ」
N.Y.・MoMA、「ザ・ガーデン・カフェ」
直島・直島ベネッセアイランド、「ベネッセ・ハウス」

どこに座るかも重要！
空間にこだわる！
オーラで見極めろ！

心が馴染み始めると紙とペンが欲しくなる。
お気に入りのペンと気持ちいい紙をご用意下さい。

magic
「クリエイティブな空想の世界に
自分が100％没頭できる贅沢な時間」

Go on a journey!

Chapter 20
旅に出よう

⓴ 旅に出よう

旅人君！

放浪癖を付けちゃったら人生が楽しくなってしまうよ！
そぞろ神があなたのSOUL MATE！？

旅に出よう！

 旅の日常は全てが非日常。
「自分が誰であっても良い」という自由さを擬似的に体験する。
記憶を喪失しに行っておいで！

「どこかへ行こう！」と思ったときから旅は始まる。
未知の世界に心がときめく。
旅に出ると「非日常的な場所での日常」が生まれる。
旅先での「生活」が始まると、「何かを判断する基準」が少し変化する。
出掛ける前の記憶をなくし始める。
旅先から戻り、「旅に出る前の自分を思い出す」まで旅は続く。

変化している自分に気付くことで新しい自分を発見する。
少し受ける影響が、大きい収穫。

「一人旅」と「誰かと一緒の旅」。
「一人旅」は自分と向き合う旅。
「誰かと一緒の旅」は分かち合う旅。

旅に出るごとに感性が蘇る。

magic 「旅の日常は全てが非日常」

Just feel and write in a paper

Chapter 21
紙にただ思いつくことを書いてみよう!

㉑ 紙にただ思いつくことを書いてみよう！

紙にただ思いつくままペンを走らせる。
あなたの中にあるけど、まだ出てきていない「小さな心の声」を外に出してあげよう。

出てくるペースで出していく。
詩人になりなさい。
何も考えなくていい。
作為がなくなるとアートになる。

「自然に呼吸してたら出てきたの！」的な箇条書き。
「何を書く？」の決まりがないから面白い。

「時間をゆっくり過ごしなさい」
「迷ったらGO！」
「笑顔が素敵」
「仕草が綺麗」
「口元の魔術師」
「海に行きたい」
「青い瓶」
「自分にやさしく」
「溶けていく時間」
「街中のカフェでエスプレッソのダブル」
「いい具合に壊れた個性」
「くらべない、くらべない」
「魚っぽく呼吸してみようかな！？」
………………………………………… 今日の僕はこんな感じ。

出てきたモノを眺めると「今の自分」が確認できる。

㉑ magic
「作為がなくなるとアートになる」

Think alone sometimes

Chapter 22
ひとりで考える時間を持とう！

㉒ ひとりで考える時間を持とう！

「人生で一番不幸なことはひとりの時間がなかなか作れないことだ！」
数多くの歴史上の偉人達もこう嘆いた。

実は、「ひとりで考える時間を持つぞ！」と意識しないと、そんな時間は持てないようになっている。

「ひとりで考える時間を持つ人」は「持たない人達」とは違う時空を生きることになる。
そんな時間を持つだけで個性派人間。

「1日、40分」、ひとりで考える時間を持つこと。

　　自分自身になれる時間。
　　個性の回復。
　　蘇生される感性。
　　頭の中の交通整理。
　　優先順位の確認。
　　スケジュールを決定。
　　記憶の再構築。
　　人間関係の位置確認。
　　作戦会議。
　　役作りの時間。
　　クリエイティブな懺悔。
　　心の休養。
　　感謝。

好感度快適人間の毎日の儀式。

忙しい人ほど効果的。
これは時間を作るための時間。

magic
「ひとりで考える時間を持つ人は
違う時空を生きている」

Send a letter /a fax to your specialities

Chapter 23

ハガキを買う・FAXを送る

㉓ ハガキを買う・FAXを送る

「ハガキ」………

ポストの中に誰かからの絵はがき。
誰からなんだろう？
ワクワクする。
印象的なコミュニケーション。

「FAX」………

「今、帰りました。今日はありがとう！」のFAXが届いた。
送った時点で相手に届く手紙、FAX。
時間的な意図と時間的な意味がうれしい。
レアなコミュニケーション。

街に出掛けたら絵はがきを買おう！
あなたらしいハガキに出逢うよ。

FAXを送る習慣の始まり。
「何を書いたらいいの？」

何を書いてもいい。
絵でもいい。
数行でもいい。

「筆無精なの！」
そんなあなたから届くから、うれしい！

magic

「何を書いてもいい」

Start new life from now on

Chapter 24
その気になったら変化が始まる

❷④ その気になったら変化が始まる

「貝殻・メガネ・パイプ等」を眺めながらル・コルビジェは絵を描いた。
彼のインスピレーションの扉がそれらのモノの中にあったんだろう。
「その気」になる扉。

あなたの「その気」が始まるスイッチを見つけ出そう。

「その気」になる。
宇宙とつながった感覚。
もう既に、イメージの中で答えを知っている状態。
謙虚な自信。

　　「その気」って「いい気」？
　　「いい気」って「良い気」？

　　「いい気になって生きて行け！」

「その気」になっているときは時間を越え結果を知っている。
「その気」になっているときは「上手くいく次元」に生きている。

未来の映像を心のスクリーンに映し出せ！
それがいとも簡単に上手くいき、まるで体の一部のように馴染んでいる映像を！

「その気」になったら変化が始まる。

magic

「いい気になって生きて行け！」

Come back to yourself

Chapter 25
自己完結する

㉕ 自己完結する

…………ある恋人同士。

「もういいよ！」と背を向ける彼。
横目でチラッと彼女を確認。

彼女が「大切な物をなくしそうだ」という態度に出たとき……
「私はとても大きな存在だ」と彼は思う。

彼女が「じゃいい、フン！」という態度に出たとき……
「私はとても小さな存在だ」と彼は思う。

自分のサイズを「何か」で測ってしまう。
その罠にかかると実力は発揮できない。

自分のサイズを「何か」で測っていない人は素敵だ。
「素敵な人」と「素敵と思われたい人」の違い。

人のエネルギーを奪ったり奪われたりしない、
「自己完結した」生き方。

安定している人は「穏やかさ」と「力強さ」のオーラを放っている。

あなたの偉大さを知っているのはあなたです。

㉕ magic

「素敵な人と
素敵と思われたい人の違い」

Your favorite books

Chapter 26
本を読もう

❷❻ 本を読もう

この本は南の島で読みたい。
この本は電車の中で読みたい。
この本はベッドの中で読みたい。

物語に引き込まれていく。
心の中に拡がるヴァーチャルリアリティ。

この本は椰子の木陰で読みたい。
この本は素敵なカフェで読みたい。
この本はプールサイドで読みたい。

本屋さんに行くとドキドキする。
時間の感覚がなくなる。

何かと出逢いそうな予感。

人生観に影響を与える一言に出逢う。

「私は本を読むのが苦手」と言う人を見かけると、
「出逢ってないんだ」と思う。

あなたにピッタリな本が必ずある。

magic
「この本は椰子の木陰で読みたい」

Everything goes well!

Chapter 27
おまじないを教えてあげる

❷❼ おまじないを教えてあげる

素敵なおまじないを教えてあげる。

　「全てはうまく行っている」

何かが起きた、何も起きなくてイライラ、ボーっとしちゃって...
どんな時でも！
このおまじないを唱えて下さい。

　「全てはうまく行っている」

何度かつぶやいていると「心の感じ」が変わってきます。
あなたの暖かさを加えて唱えると効果的。

　「全てはうまく行っている」

起きていることを信頼してあげる。
まるであなたに必要なモノが向こうから集まってくるような感覚
をつかんで下さい。

知らず知らず口にしている言葉にあなたは影響されている。
口癖は人生の方向性を決めている。
明るい言葉を口癖にしよう！

　「全てはうまく行っている」

magic

「全てはうまく行っている」

Go into the ocean

Chapter 28
シーカヤックにのって海に出る

㉘ シーカヤックにのって海に出る

30歳の誕生日、両親からシーカヤックを二艇プレゼントしてもらった。
父、母にちなんだ名前を付けた。
毎夏、そのシーカヤックで海に出る。

静かに音もなく進むシーカヤックの動きに魅せられた。

　　「重心を低く！」
　　「見る角度が違うと風景の表情が変わるね…」
　　「風に逆らわず…」
　　「ここでジーッとしていよう」
　　「夕日がきれい」
　　「滴がオレンジ！」

西の空が夕陽で、東の空が月景色の時間。
数十分だけの魔法。
何が起きても不思議じゃないような景色に心を奪われる。

夜の海のシーカヤック。
二艇を平行させて進む。
月が揺れる。
ケラケラ笑ったりクスクス笑ってる。
流れる時間が少し濡れている。
シルエットがきれい。

入り江の中の海は静か。
小さなスペースにいろんな景色を作ってくれるリアス式海岸。
心が動く度にその場所の名前を考える。

「HEART OF FOREST」
「GREEN WALL」
「BAM BOO LINE」
「FLOUR BASE」

気持ちいい場所に行きなさい。
そこに行けば心の中のパラダイスにアクセスできる。

magic
「気持ちいい場所に行きなさい」

Hope every friends around you will be happy

Chapter 29
あなたと出逢った人に
いいことが起きますように

㉙ あなたと出逢った人に
いいことが起きますように

こんな力があなたにあると想像してみて下さい。

　「あなたと出逢った人にいいことが起きる」

「何をしてあげればいいの？」
特別なことをする必要はありません。
「その人にいいことが起きている様子」をあなたの心に描く。
その人にはあなたの中にある力と同じだけの力が存在します。
その人のことを心配してはいけません。
心配すると凄い力を眠らせてしまいます。
その人の力を信じてあげて下さい。

あなたとその人の心の底で行われるコミュニケーションの仕業。

あなたと出逢った人にいいことが起きますように。

magic
「その人の力を信じてあげて下さい」

Only you can do it

Chapter 30
あなたしかできないことを発見しよう！

❸⓪ あなたしかできないことを発見しよう！

世の中には「この人は特別だ！」と感じてしまう才能の持ち主が
いたりする。
その人の中に「神」を感じてしまう。
何がどう違うのか？

彼らの日々の行動には二つの種類がある。
「彼らしかできないこと」と「僕達にもできること」。

嘆く前に試してみよう！
特別な人も普通のことをやっている。

　　「電話をする」
　　「毎日行動する」
　　「手紙を書く」
　　「人に会う」
　　「想いを語る」………

肩に力を入れず、「僕達にもできること」をやってみよう！
そのハードルを越えたとき発見するかもしれない。
「あなたしかできないこと」を！

できることすらやってない人が多い！？
誰にでもできることが「人生というゲーム」の流れを変えたりする。

magic

「**特別な人も
普通のことをやっている**」

Clear your mind and new life will come

Chapter 31
あなたが歩いた後に花が咲く

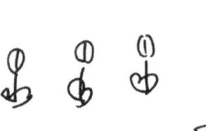

❸❶ あなたが歩いた後に花が咲く

何か行動した後、「モヤモヤ」が残る時がある。
その不快感は必ず解決しよう！
感じていることが拡がっていく。
現在のあなたの気分が過去にも未来にも影響を与えていく。
「モヤモヤ」を続けてはいけない。
スッキリしたところから現実を始めよう。

「モヤモヤ」を取り除くには、各自得意な方法でやればいい。

　　確認するべきことを確認する。
　　「過去は生ゴミ！」と呟く。
　　紙に書いてそれを破り捨てる。
　　ぐっすり寝る。
　　いつもの場所に行く。
　　あの人に会う。
　　熱いお風呂に入る。
　　花を生ける。
　　髪を切る。
　　化粧を直す。
　　部屋掃除をする。
　　スポーツで汗を流す。
　　映画を見に行く。

不快感を取り除き、心地よいイメージに変えていく。
取り除かれると過去が変わりだす。
いつまでも「モヤモヤ」していると、過去が悪い方に変わってしまう。
いつもスッキリした気分で過ごそう！
それは過去まで変える力がある。

「今」を気分良く過ごす生き方だと、あなたの歩いた後に花が咲く。

magic
「スッキリしたところから
現実を始めよう」

Breathe deeply and slowly

Chapter 32

呼吸はゆっくり、深く

㉜ 呼吸はゆっくり、深く

穏やかな呼吸。

深くゆっくり吸い込んで、ゆっくり吐く。

　　ス〜ッ………ハ〜ッ………

　　ス〜ッ………ハ〜ッ………

この星を満たす「碧い気体」を吸い込め。

吸う度、あなたの中にエネルギーが入ってくる。
吐く度、必要のないモノが外へ出ていく。

心が「パニックモード」のときには、「呼吸は速い」。
物事がうまく行くときには、「呼吸はゆっくり」。

　　ス〜ッ………ハ〜ッ………

　　ス〜ッ………ハ〜ッ………

いい感じの時間が始まる。
時間がゆっくり流れる。
物事がよく見える。
やさしくなれる。
いいことの起きる予感がつかめる。

magic
**「物事がうまく行くとき、
　呼吸はゆっくり」**

Feeling talks more than speaking

Chapter 33
話した言葉より思っていることが伝わる

㉝ 話した言葉より思っていることが伝わる

「私は話すのが下手です」
うまく話そうとしないで下さい。

「何を話せばいいのか解らない」
ゆっくりとあなたの心に浮かぶことをそのまま話し始めましょう！

伝わるのは「話した言葉」より「あなたが思っていること」。
うまく話そうとすると微妙に何かが狂い出す。

「誤解されたらどうしよう！？」……そのことも言葉にしよう！

素直に、気持ちを表現できる人。
さり気なくほめてあげられる人。
欠点を責めることなくアドバイスを与えられる人。
その人の未知なる部分に話しかけられる人。
ヴィジョンで伝わり始める。

「焦って何かを話す」と「何か」は伝わらず、
「焦っている環境・波動」が伝わる。
気持ちいい空間を演出しよう。

呼吸を整えて、時間を穏やかに進め、含み笑いが始まって、
いいことが起きる磁場を作る。

「何か大きな衝突がなければ同意は得られない」と誤解していませんか？
分離ではなく溶け合うことで同意は得られる。

伝わるのはあなたの心のカタチ。

㉝　magic

「あなたの心のカタチが好き」

Be the person you want to see again

Chapter 34

あなたの周りに人が集まる

㉞ あなたの周りに人が集まる

不思議と周りに人が集まる人がいる。
不思議な魅力を持った人。

「もう一度あの人に会いたい」となぜ思うのか？

そんな人はあなたにとってどんな人？

　話をよく聞いてくれる人。
　笑顔の素敵な人。
　楽しい人。
　この人といると賢くなれそう。
　個性的な人。
　認めてくれる人。
　一緒にいると元気になれる人。
　中立な人。
　さり気ない思いやり。
　笑い声が絶えない。
　細やかな心配り。
　手放しで受け入れてくれる人。
　いつも新しい情報を持っている人。
　明るい人。

憧れるネッ！

憧れる人を真似て振る舞い始める。
気付いたときにはあなたの周りに沢山の人が集まっている。

magic

「もう一度会いたいと
思われる人になる」

Great things happen casually

Chapter 35
凄いことは人生の中でアッサリ起きていい

㉟ 凄いことは人生の中でアッサリ起きていい

「魅力的なことや素敵なことは簡単に人生に起きるわけない」と思っている人に贈ります。

凄いことは人生の中でアッサリ起きていい。

人の意識の深いところには不思議な掟がある。

「今より悪くなる」ことに人は恐怖を感じる。
それと同じだけ「今より良くなる」ことにも恐怖を感じる。
「私らしい」と感じる範囲を越えてしまう恐怖。
私は「これ以上でもこれ以下でもない」という心地よいエリア(コンフォートゾーン)……
そこから出られない人が沢山いる。

今より素敵になることに対する恐怖。
魅力的なあなたを表現することに対する恐怖。
豊かになることに対する恐怖。
自由になることに対する恐怖。
穏やかな心になることに対しての恐怖。
人生が速いテンポで変わっていくことに対する恐怖。

心の中にいつの間にか厚い厚い壁ができてしまっている。

既成概念(?)の壁を打ち破れ。
その為には大胆に生きている人の近くで生きること!
「そんなに簡単に奇跡は起きていいんだ!?」
自分を許し始めると日常茶飯事に奇跡は起きる。

凄いことは人生の中でアッサリ起きていい。

magic

**「自分を許し始めると
日常茶飯事に奇跡は起きる」**

Change yourself every minute

Chapter 36
アンティークになっていくモノ

❸❻ アンティークになっていくモノ

バリ島のアンティークショップでボ〜ッと家具を見つめながら、こんなことを思った。

古くなったときに「アンティークになるモノ」と「ただ古くなっていくモノ」の違いは何！？
時間経過の中で「価値が上がるモノ」と「価値が下がるモノ」の違いは何！？

　手が込んでいる。
　存在がアートだ。
　数少ない。
　普遍的な美しさ。
　質が良い。

人にもそれが当てはまる。
歳を重ねる度、価値が上がっていく人になりたい。

「今」の連続が人生。
瞬間、瞬間の「今」を充実した時間にしていこう。
「そうしよう！」と思うこと！
楽しむこと！
変化が起きるような時間を選択しよう。

「変わらないね！」
その人と久しぶりに会ったときに感じた。

「変わらないね！」と感じるのは、その人が変わり続けているから。
成長し続けているから、大切なことが変わっていかない。
「変化」は最大の贅沢。
変化し続けることがアンティークになっていく秘訣。

magic
**「変化し続けることが
アンティークになっていく秘訣」**

Let's meet great people!

Chapter 37
凄い人と出逢う

㊲ 凄い人と出逢う

誰と出逢うか？
出逢いによって人生は大きく変わっていく。

新たな親しい友達ができる。
時を重ねる度に、その人の口癖がうつる。
その人の言い回しを知らない間に真似ていたりする。

口癖のうつるペースで個性はうつる。

あなたはあなたの周りの人に影響を受け、周りの人に影響を与えている。
どんな人達と生きている？
それも生きるセンス！

僕は数多くの人に強力な影響を受けた。(今も受け続けている)
誰かに出逢って影響を受けた日、「幸せだ！」って思う。
「あぁ！また人生が新しく始まるぞ！」と心がしびれる。

「私はなぜその人を凄いと思うのか？」
「その人の魅力は何？」
「なぜその人は何をやっても上手くいくんだろう？」
その人の中の「素敵」を見つけよう。

あまりにも素晴らしい人に出逢うと、刺激が強すぎて落ち込んだりすることもある。
最高の出逢い！
落ち込んだりしてしまうのは知らない間に自分とくらべているから。
くらべない、くらべない！不幸は対比によってうまれる。
くらべている間は誰とも出逢えない。
偉大さを受け入れよう！
心の準備が整えば凄い人はあなたの前に現れだす。

magic

「口癖のうつるペースで
個性はうつる」

Who is your soul mate?

Chapter 38
ソウルメイトは誰だ？

❸❽ ソウルメイトは誰だ？

僕達はこの惑星に何をしに来たんだろう？
限られた時間ここにいて、またどこかに旅立つ海外旅行者みたい。
僕達はこの惑星に大切なことを学びにやって来た！？

魂は群れをなして存在している。
お互いに影響し合いながら学ぶシステムのようだ。

そんな愉快なゲームを一緒に楽しむためのパートナー、
それがソウルメイト。

> 気付いたことを分かち合う。
> お互いの進歩を喜び合う。
> 相談相手。
> 認め合った個性。
> 感性のチューニング。
> オーラの交換。
> リラックスして個性を見つめ直すことができるオアシス。
> 知的好奇心が満たされる。
> その人の存在が自分の勇気となる。
> さり気ないアドバイス。
> 相手の個性を守る距離感。
> 愚痴だと解って愚痴を聞いてくれる安堵感。

僕の人生に出てきてくれてありがとう。
そしてこれからも宜しく！

㊳ magic 「僕達はこの惑星に
何をしに来たんだろう？」

Don`t be shy to praise

Chapter 39
てれずにほめよう

me?

❸❾ てれずにほめよう

「素敵になったな」と思っても、てれくさくてなかなか言葉にできない。

人の変化や素敵なところに気が付く人に僕は憧れる。

「変化」や「素敵」を発見する癖をつけよう。
「おだてる」と「ほめる」は違う。

「素敵ですね！輝いてるよ」
誰だってほめられるとうれしい。

「あっ、新しい靴？ かわいいね」
気付いてくれたことの喜び。

「笑顔がいいね」
きっと次に会ったときには、さらに素敵な笑顔を見せてくれるよ。

「存在を認めて欲しい」って誰もが望んでいる。
さり気ないあなたの一言がその人を幸せにしたりする。
素直に言葉にしてあげた一言がその人に自信を与えたりする。

てれずにほめよう！

magic
「素直に言葉にする勇気」

No change, Every change

Chapter 40
インディアンに恋をして

❹⓪ インディアンに恋をして

ある日、インディアンの本を手にした。

「変えられるものを変える勇気」
「変えられないものを受けとめる広い心」
「その違いをわかる知恵」
……………… これら三つを頂きましてありがとうございます。

神に感謝の気持ちを伝える。

そんなインディアンに恋をした。

彼らはこの星に馴染んで生きている。

共生。
融合して生きている人達の人間関係。
助け合いながら生きてる人の目は透き通ってる。

そんな彼らの生き方に憧れる。

彼らが大切にしている考え方。
変えられるモノと変えられないモノ。
「しなやかさ」と「いさぎよさ」に強さを感じる。

風の話を聞かせて下さい。
火の踊りを教えて下さい。
水の精は元気ですか？

magic

「変えられるモノと
変えられないモノ」

Prayer makes you gentle

Chapter 41
両手を合わせて

❹❶ 両手を合わせて

子供の時から仏壇に線香をあげたり、お墓参りに行くのが
好きだった。

お墓の前に立つと見透かされてるような気がする。

両手を合わすと素直になれる。
両手を合わすと優しくなれる。

「頑張るから見ててください」
「僕の人生に必要なことを起こして下さい」

お墓参りの後、エネルギーをもらった感じがする。
自分と向き合う時間。
「死」を意識することで、「生」を意識する。

身近なことばかりに気を奪われ小さくなっていた自分が
フッとふくらむ。

始まりから終わりまでを受け入れたとき、腹の底が強くなる。

僕は普段の生活の中でも知らず知らずのあいだに両手を合わせてる。

magic
「両手を合わすと素直になれる、
両手を合わすと優しくなれる」

Thank you

Chapter 42
「ありがとう」の素敵な人になる

㊷「ありがとう」の素敵な人になる

「ありがとう」

言っても、言われても気持ちいい言葉。

素敵な人は「ありがとう」を言ったり言われたりする時間の中で生きている。
ささいなことに、「ありがとう」と思える人は豊かな人だ。

素敵な「ありがとう」に出逢うともう一度聞きたくなる。
素敵な「ありがとう」は、次の「ありがとう」を連れてきてくれる。

全てのことを受け入れて感謝する気持ち。

「ありがとう」は魔法の言葉。
あったかい何かが拡がって冷たいモノも溶けていく。

　喫茶店でお水が届いて「ありがとう」。
　来てくれたあの人にも「ありがとう」。
　駅員さんにも「ありがとう」。
　お母さんにも「ありがとう」。
　お月さんにも「ありがとう」。
　季節の風にも「ありがとう」。

僕達はイッパイの「ありがとう」に囲まれて生きてるネッ。

magic

**「ありがとうを
あの人に伝えに行こう」**

Decide when you are at heart

Chapter 43
怒ったときには判断しない

❹❸ 怒ったときには判断しない

怒ってるときの判断。
イライラしてるときの判断。
悲しい気持ちのときの判断。
孤独感を感じながらの判断。
やけっぱちな判断。
焦ってるときの判断。

心が乱れてるときは「どうするか?」を決めてはいけない。

人は「自分の力の範囲を越えている問題だ!」と判断したときに心が乱れる。

穏やかな心でいよう。
心が乱れそうなときこそ平常心でいよう。
自分の心が自分の中心にあるとき平常心はやってくる。

平常心でないときの判断は違ってる。
判断基準がずれている!

怒ったときは判断をしない。
しばらくしてから考えよう。
きっと素敵な方法がみつかるヨッ!

43　magic
「穏やかな気持ちで判断しよう」

I`m sorry

Chapter 44
言い忘れてた「ゴメンナサイ」…

㊹ 言い忘れてた「ゴメンナサイ」…

フッとした時に、言い忘れてた「ゴメンナサイ」を思い出す。

思い出すと、「ドキッ」とする。

その時は、「自分は間違っていない」と感じていた。
その時は、「このまま時間が過ぎればいい」と感じていた。

「自分の非を認める」ことは、いいことをするより勇気がいるかもしれない。

僕達は未完成。
間違うことを恐れてはいけない。
そして、「ゴメンナサイ」と自分の非を認めることも恐れてはいけない。

「素敵な人と思われたい」と「素敵な人になりたい」。
このふたつのギャップを埋めてくれる言葉。

「ゴメンナサイ」。

無防備に自分の非を認めたら、心が軽くなりました。

magic

「素敵な人と思われたい人と
素敵な人になりたい人」

Take your time!

Chapter 45

慌てることはない

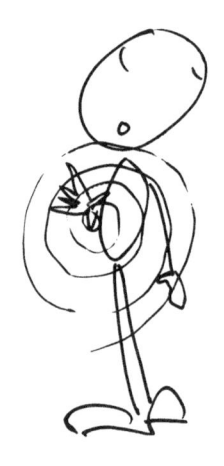

❹❺ 慌てることはない

ピンチの時に方法があるならば慌てることはない。
それをやればいい。
ピンチの時に方法がないならば慌てることはない。
何もやることはない。

慌てることはない。

まず、状況を把握する力。
「知る」ことで問題の90%が解決する。

状況を把握したら分析する。
「何が問題」で「どんな条件」の中にいるのか？
複雑になればなる程、頭の中で考えるべきではない。
紙に書こう！
「ハッキリしていること」と「ハッキリしてないこと」を
ハッキリさせよう。

「方法は必ずある！」のチャンネルで解決法を見つけ出せ。

現実を受けとめる勇気。
解決法を実践していく勇気。

方法がないならば「全て」を受けとめよう！
いさぎよく受け入れよう。
受けとめられる問題の大きさが心の広さ。

magic

「受けとめられる問題の大きさが
心の広さ」

Train your heart

Chapter 46
ハートを鍛えよう

❹❻ ハートを鍛えよう

チャレンジする度、ハートが鍛えられる。
心の筋肉がモリモリしてくる。

そうすると、何にでもチャレンジしたくなる。
だから、更に鍛えられる。

臆病になりだしたら、ハートを鍛えよう。
心の筋肉がナヨナヨしてるぞ！
死ぬこと以外はかすり傷。

目の前の壁から逃げてはいけない。
解決できる壁しかあなたの前には現れない。

ハートを鍛えよう。

ドンドン何にでも意欲的にチャレンジしよう。
全てのことに対する向上心をヴォリュームアップ！

あきらめない！
あきらめそうなところから本当のゲームは始まる。

magic
「死ぬこと以外はかすり傷」

Feeling is a barometer

Chapter 47

体感時間がバロメーター

❹❼ 体感時間がバロメーター

同じ長さの時間なのに短く感じたり長く感じたりする。

やりたくないことをやってるときの時間はゆっくり過ぎる。
だけど、記憶には残らない。

何かに集中しているときの時間は凄いスピードで過ぎていく。
しかし、めざす目標のある人の1ヵ月は長く感じる。

子供の頃の1年は長く感じた。
大人になると短く感じる。

7歳の子が8歳になるとき、その1年は人生の1/8に当たる。
50歳の人が51歳になるとき、その1年は人生の1/51に当たる。

だからこそ濃度の高い、意味のある1日1日を過ごそう！
1日1日をアート作品のように創り出そう。
自分の人格に影響を与えるような経験をしよう。
過ぎていく時間はどんな感じがする？
速い？遅い？
「体感時間」がバロメーター。

magic

「1日1日をアート作品のように
創り出そう」

I am so happy to meet you

Chapter 48
この人と出逢えてよかった

❹⑧ この人と出逢えてよかった

いったい僕達は人生の中で何人の人と出逢っていくのだろうか？

「この人と出逢えてよかった」という経験をあなたは持っていますか？
「何かが変わっていくぞ」という予感を運んでくれる出逢い。

そんな経験がある人は、「あなたに出逢えてよかった」と言われる存在となる。
「あなたに出逢えてよかった」と言ってくれる人が人生の中に出てくると勇気が湧いてくる。

　「あなたに会うと元気になれる」
　「あなたに会うとスッキリする」
　「あなたに会うと素直になれる」
　「あなたに会うとやる気になる」
　「あなたに会うと自信が持てる」
　「あなたに会うと優しくなれる」

あなたの今までに起きた「素敵な出逢い」を語ろう！

明るい未来を言い当てていく予言者のように。
その人にはまだ見えていない「未来のあなた」を言葉にしてあげる。
少し受ける影響が未来を大きく変えていく。

「あなたに出逢えてよかった」

magic
「**あなたと出逢う人にワクワクする
　　未来のビジョンを与えなさい**」

Life is like a picnic!

Chapter 49
人生はピクニック

㊾ 人生はピクニック

部屋に戻ってCDプレイヤーのスイッチを入れる。
MAXWELLが歌いだす。

さぁ、今日は何をしようかな？

コンピューターが立ち上がろうとする音が聞こえる。
「こんにちは！」、挨拶したりする人の気持ちがわかる。

その時間をしっかり楽しんでる生き方。
このスタイルの生き方が気に入ってる。

スケジュールの確認。
眺めるだけで右脳が動き出し、イメージの世界に連れていってくれる。
未来が見える。
ストーリーが途中でいくつかに分かれたら、ひとつを選んで進んでみよう。
結果が気に入らなければ次の道を試してみよう。

電話でのたわいもない会話。
家具のカタログを眺めている時間。
珈琲を煎れる時間。
銀行にお金を振り込みに行く。
電車で移動する。

何をやっていても楽しい。

毎日をピクニックの気分で楽しんでいいよ。

人生はピクニック。

magic

**「起きていることに意味を
与えているのはあなたです」**

Life is show time !
Enjoy yourself
on this planet !!

Let's go to the another world ! >>>

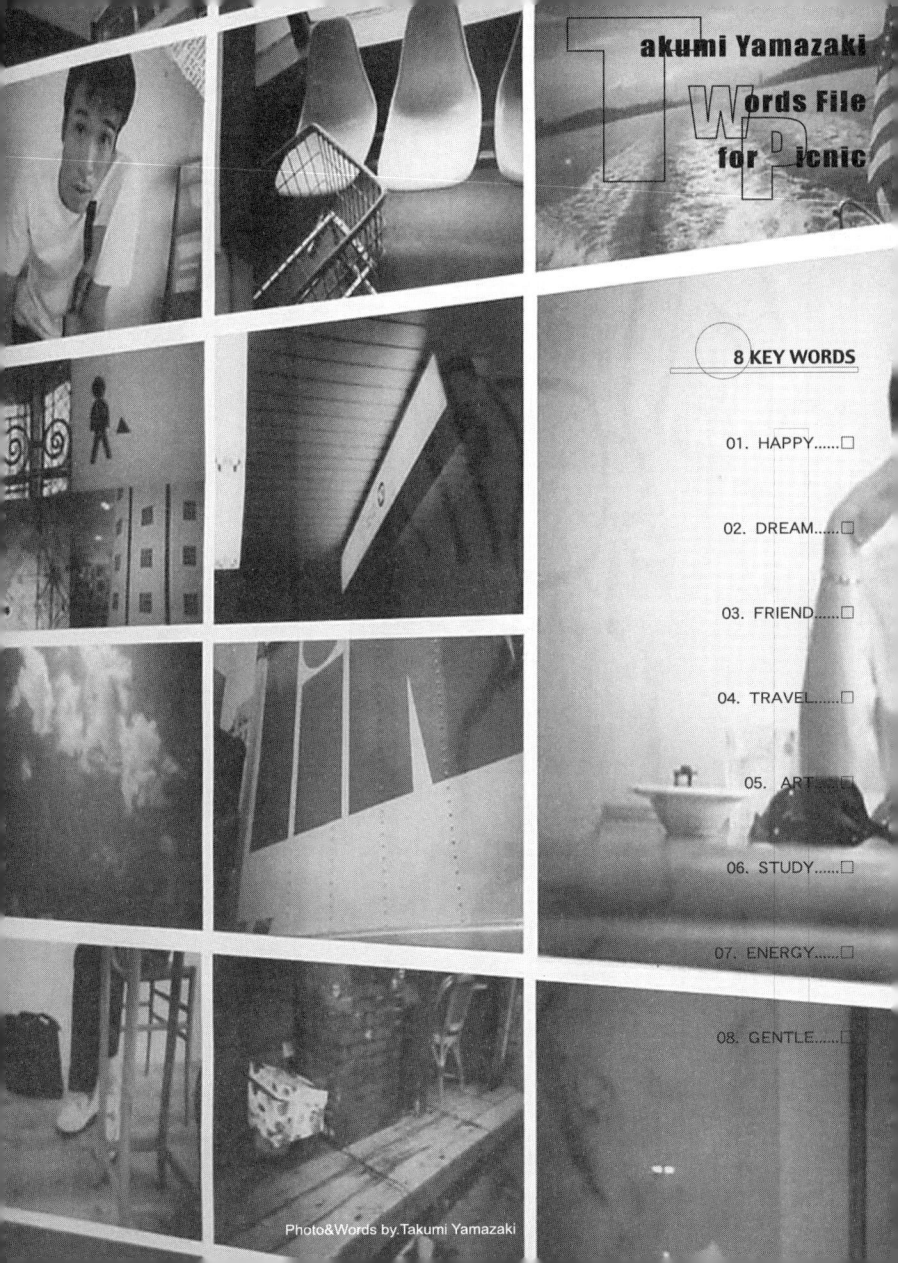

Takumi Yamazaki
Words File for Picnic

8 KEY WORDS

01. HAPPY......□

02. DREAM......□

03. FRIEND......□

04. TRAVEL......□

05. ART......□

06. STUDY......□

07. ENERGY......□

08. GENTLE......□

Photo&Words by.Takumi Yamazaki

01. HAPPY 「ハッピー」

>>> それは
思い描くヴィジョンと
環境…シチュエーションとの出逢い。

目指すものという意味で「積極的」・・・
与えられるものという意味で「受け身」・・・
「積極的な受け身」により手に入るもの・・・それが「ハッピー」。

自分が「こうありたい」と願う想いと
現実のシチュエーションが
カチッと重なった瞬間にその症状は起きる。

シチュエーションを能動的に選ぶ。
ハッピーの種に生命が与えられ、あなたはそれらが発芽するのを待つ・・・
受け身的な行為が始まる。

未来のヴィジョンを鮮明に描くとそれらの反応はより積極的になる。
「積極的」と「受け身」・・・その二つの複合体の切り抜きが「ハッピー」。
どちらか一方でも欠けていたら成立しない。

あなたの周りに沢山のハッピーの種が転がっていますよ。

02. DREAM

僕が憧れている人・・・
それは自分の心の中に住んでいる「かっこいい自分」。
その彼が一般的にも「かっこいい！」と評価されるかどうかはわからないが
僕の心の中でいつも最高の存在だ。

心の中で彼が繰り広げるドラマ・・・それが僕の「夢」。

本を書くときも
絵を描くときも
写真を撮るときも
彼に向かって表現している。
たとえ誰にも誉められなくても
彼だけには「いい絵を描くじゃないか」「いい写真撮ってるね」と言われたい。

僕は今この瞬間も、
僕の中に住んでいる彼という「夢」に近付こうとしている。

「夢」
>>>それはいつも自分の中にある。

「友だち」

>>> その原点は
リスペクト（尊敬する心）。

友達とは「パートナー」であり「鏡」である。

お互いに引力を感じるから友達だ！
合点がいくことが多い。
そして、少し違う。

僕に見えないものがその人には見える。
その人に聞こえないものが僕には聞こえる。
視点、思点の違いがコラボレーションの源になる。
パートナーは偉大だ。

・・・と同時に、友達は「自分自身を写し出す鏡」。
僕が友達の中にイヤなものを感じることがあるとすれば、
それはきっと自分の中にも存在する何か。
僕が友達の中に「素敵」を感じることがあるとすれば、
それはきっと気付かないうちに自分の中にも存在している何か。

出逢いによって全ては始まる・・・
これから出逢う「友達」によって
僕は新しい自分と出逢う。

03. FRIEND

04. TRAVEL

「旅」
>>>それは「築きの場」だ。

物理的に日常から非日常へ移動する。
すると、ひとつひとつのことに僕の心は反応し始める。
自分の心の中に入っていく時間、そして自分自身を築く空間。
それが「旅」。

勝手に心が動いて沢山のことを教えてくれる。
今の自分に最も相応しいアドバイスがやって来る。
何を教えてくれるか・・・行ってみないとわからない。

何度行っても変わらない場所に行くのも面白い。
変わっていないその場所が違って見える。
見えていたものが見えなくなったり、
見えてなかったものが見え始める。

僕は「変わらない場所」で
　「変わっていく自分」を確認する。

05. ART 「アート」

かつて僕にとっての「アート」という存在はワクワクするものではなかった。
学生時代、美術の授業で受けた印象がトラウマになっていたのかも知れない。
誉められた思い出もほとんどなく、劣等感の方が優勢だった。
それがある時点を境に大きく変わった。

アートとは、義務や課題に対して作為的に生み出されるものではなく、
生活から生まれてくる人間的なものだと感じ始めた。
「写実」ではなく「捻出」してゆくもの。

遠い存在ではなく、「生きる営みすべてがアートなんだ！」と感じ始めた。

生きるとは非常に創造的で、それ自体が感動的だ。
生きる喜びと感性の復活は、「当たり前の毎日」に光を与える。
そして非日常な瞬間を数多く生み出す。

誰かのため
何かのためでなく
まずは自分のためだけに・・・始めてみよう。

それらの行いは
「時代」と「自分のヒストリー」にマーキングしていく行為となる。

>>> それは
「時代」と「ヒストリー」のマーキング。

06. STUDY
「学び」
>>> その原点は「リンカーネーション」。

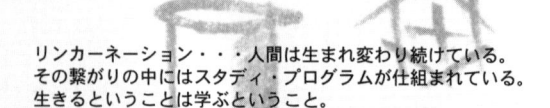

リンカーネーション・・・人間は生まれ変わり続けている。
その繋がりの中にはスタディ・プログラムが仕組まれている。
生きるということは学ぶということ。

偶然に起こる何気ない現象、それに反応する心の動き、
感動、喜び、苦痛、迷い・・・全てがミーニング・・・意味あるモノ。

どうしてこんなことになっちゃうんだろう・・というネガティブな出来事も、
これには意味があるんだ・・と捉えると、何かを発見することができる。

「目的」は発見と学びの触媒だ。
自分のゴールが設定できている人は
全てを受けとめ、凄いスピードで消化していく。

最良であり最善のことが毎瞬、目の前で起き続けている。
どんなメッセージを受け取るか？
それが生きるセンスだ。

出来事はすべて、学びのためのメッセージ。

眼を閉じて耳を澄ます。

遠い海のさざ波や、惑星が動く音・・・
地球の裏側の空の色、未来の自分・・・

聞こえないはずの音・・・
見えないはずの景色・・・

感じることで・・・人は万物とつながっていく。

その瞬間、「エネルギー」は勝手に満ちてくる。

それは与えるものでも、与えられるものでもない。
心と体を地球に、宇宙にあずけよう。
リラックスとは「分離」から「統合」へ意識を傾けること。

心と体から力が抜けるとエネルギーは泉のように湧いてくる。

「エネルギー」
07. ENERGY
>>>万物とつながろう！

08. GENTLE 「やさしさ」

>>> それは
①「その人をプロデュースしていくこと」
から生まれる。

「支配」するのではなく、その人に対して「どう在る」か・・・を考えよう。
親は子供の、上司は部下の、僕は友達の・・・「プロデューサー」だ。
「仕事」という、時として厳しさを求められるシーンでも、
「この人を世に出してゆくのが自分の役目だ！」という気持ちを持って接する。

その人をプロデュースする！
そんな時、本当の意味の「やさしさ」というオーラが出始める。

>>> それは
②「勇気」から生まれる。

「やさしさ」の反対にあるものは「冷たさ」。
「冷たさ」の原因は「嫌悪感」。
・・・「嫌悪感」を取り除けば「やさしさ」が始まる。

「嫌悪感」と出会ったら、その人の心に真っ直ぐ向き合おう!
少し斜めに向き合うと激しい嫌悪の風があなたを攻撃し始める。

**勇気を出して真正面から向き合うと嫌悪感は消え
爽やかなやさしい気持ちがあなたの心に満ちてくる。**

Takumi Yamazaki
Exhibition Record

1999>>>>2000

Art is not a thing which exists in the distance. **People's lives** are art.
Living your own life is very creative and touching.
If you realize **the joy of your own life**,
everyday routine tasks become **shiny and create many extraordinary moments**.

PARALLEL WORLD

Modern girls

HAPPY

flash back

「生きる」とは・・・発見し、行動し、進化すること。
閃きを行動に移す。
常に前に進んでいく力を育て続けていく。
不可能に感じることを、可能にしていく不思議な力。
複雑なことを簡単に、不安定なものをバランス良く、儚いものを永遠に。
生きることは芸術だ！

平行して存在している「まだ見ぬ世界」への扉を開けよう。
知的好奇心は時空を越え新しい自分との出会いを求める。

PARALLEL WORLD
N.Y SOHO TENRI CULTURAL INSTITUTE 1999.6.13-14
Takumi Yamazaki
Exhibition Record ■PARALLEL WORLD □Modern girls □HAPPY □flash back

Modern girls

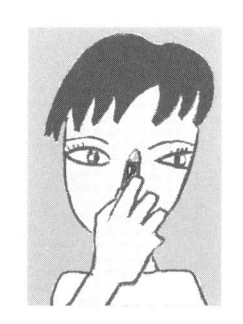

可愛らしくありながらもスタイリッシュな"Girls"の世界。
それはけっして「ファンシー」でも「メルヘン」でもなく、
不思議と遊び心をくすぐる「ポップ」な空間。
神戸北野にあるおしゃれなカフェに、
目の醒めるようなアートスポットが生まれました。

Modern girls 【takumi yamazaki 1st exhibition in japan】
神戸　Rookie Bar　1999.10.19-31

Takumi Yamazaki
Exhibition Record　□PARALLEL WORLD　■Modern girls　□HAPPY　□flash back

HAPPY

"The power spot of becoming a happier person"

Person >>>> ! <<<< Art 　来た人対作品・・
Person >>>> ! <<<< Artist 　来た人対作家・・
Person >>>> ! <<<< Person 　来た人達同士・・
すべての関係から生まれる波動を用いてハッピーになるパワースポット。

この９日間の仮設カフェで
「出会い」と「Happy」の"親密な関係性"が証明されました。

happy
I'm waiting
for you

HAPPY【takumi yamazaki art show】
東京・代官山　ヒルサイドウエスト　2000.6.3-11

Takumi Yamazaki
Exhibition Record　□PARALLEL WORLD　□Modern girls　■HAPPY　□flash back

突然、意識の中に滑り込む過去の残像・・・
突然、穏やかに始まる未来の予知像・・・

無意識の海原に旅に出よう・・・
全ての現実から手を離した時に始まるドラマを
楽しむために・・・

感性の復活・・・
穏やかな思考の舞・・・
瞬間の中の永遠・・・
やわらかな昼間の夢・・・

自分を解き放つ快楽への憧れ・・・

「過去」ならば、人は鮮明に思い出すことができる。
「未来」についても同じように見ることができないだろうか・・
そんな発想をもとに「過去」の作品と「今」の作品を出会わせてみた。
人はここで、「時間」という呪縛から解き放たれ、まるで過去を見るかのように、未来を見ることができる。

flash back

flash back
東京・渋谷アムウェイ本社アートギャラリー　2000.8.1-25

Takumi Yamazaki
Exhibition Record　□PARALLEL WORLD　□Modern girls　□HAPPY　■flash back

Epilogue

　1998年に『人生はピクニック』を出してから、今回の『人生はかなりピクニック』発行に至るまでの間は、「想いは実現する・・・アッサリと凄いことは起きていいんだ」・・ということを何度も確信した2年間でした。

　最初は「人生とはピクニックのようなものだ！」と何気なく思っていました。しかし今は、「それどころではない！人生はかなりピクニックだ！」と思っています。『人生はピクニック』を書いたことで、何気なく僕の中にあった成功法則のようなものを僕自身がしっかりものにできたからです。

　たとえば1999年にはニューヨーク・ソーホーで絵の個展を開きましたが、それも「夢を叶える49の魔法」を使って実現しました。そうなった自分で（もう夢は叶った後の自分で）行動し始めたら次々と、導かれるように物事が進んでいったのです。

　今回の『かなり』では、巻頭のカラー部分に『人生はピクニック』を出版した後に生まれた作品を掲載しましたが、「49の魔法」についてはまったく手直しはしていません。それらが僕の中では変えようがない魔法達だったからです。

物事にはプラスの意味もマイナスの意味もありません。ただそこに存在するだけなのです。「既成の概念にとらわれず僕達がそれらにどんな意味を与えていくか」が、ただ「決め手」となっているのです。今から始まる瞬間、瞬間に光を与えてください。具体的に始めるから人生は楽しいのです。

　この本は読み終わってから魔法が始まります。

　あなたのセンスで毎日に活かしていって下さい。

2000.10.01

山﨑 拓巳
Takumi Yamazaki

1965年三重県生まれ。広島大学教育学部中退。エッセイスト、画家、イラストレーターなど幅広い分野で活躍。著書「人生はピクニック」(サンクチュアリ出版)は日本のみならず、香港、台湾、韓国にても多くの読者を得る。1999年6月、N.Y.・SOHOにて初めての個展『parallel world』を開催。話題を呼ぶ。同年10月、神戸・北野にて個展『modern girls』を開催。2000年6月、東京・代官山にて個展『happy』を開催。同年8月、東京・渋谷にて個展『flash back』を開催。人の生きる営み自体をアートとして捉える作風が多くの人に勇気を与える。

Information

こちらのホームページも併せて御覧ください。

山﨑拓巳オフィシャルHP　**TAKU'S CAFE**
http://www.taku.gr.jp/

サンクチュアリ出版HP
http://www.freedom.ne.jp/s-books/

山﨑拓巳さんへのe-mailはこちら。
fanmail@taku.gr.jp

Life is like a picnic!

●イラスト	山崎拓巳
●巻頭カラー写真	工藤哲
●巻末扉コラージュ	舟山貴子
●装丁・アートディレクション	松本えつを
●本文レイアウト・デザイン※	光田和子
●プロデュース※	磯尾克行
●トータルプロデュース	松本えつを
●セールスプロモーション	鶴巻謙介
●アシスタント	町田英士

※本書は1998年8月に弊社より発行された『人生はピクニック』(山崎拓巳 著)の「再版新刊版」として製作されました。上記スタッフのうち※印のついている担当については前回の『人生はピクニック』製作時のものです。

collaborators

Kiyoshi Nagatomo

specialthanks to

Rika Yasuda／Yossy／His.Yamamoto／Keita Suzuki／Shinji Funada

人生はかなりピクニック

2000年11月30日	初版発行
2008年 2月25日	第10刷発行

著者	山崎拓巳
発行者	鶴巻謙介
発行／発売	(株)サンクチュアリ・パブリッシング (サンクチュアリ出版) 〒160-0007　東京都新宿区荒木町13-9 サンワールド四谷ビル TEL 03-5369-2535　FAX 03-5369-2536 URL http://www.sanctuarybooks.jp/ E-mail info@sanctuarybooks.jp
印刷・製本	三松堂印刷（株）

PRINTED IN JAPAN
ISBNコードはカバーに記載しております。
落丁本・乱丁本は送料小社負担にてお取り替えいたします。

60分であなたを変える本

The Way to Succeed is in Your Pocket
****
Takumi Yamazaki MADE

ポケット成功術

山﨑 拓巳

読んだその日から
あなたのビジネスで使える
ヤマザキタクミ流
「超簡単成功術」

ヤマザキタクミ氏の大人気講演が
1冊の本になりました。
凄いこと もっとアッサリ 起きていいね
170万人の人生を変える本

知っているだけで毎日が驚くほど変わる
24のコツを一挙公開。

- 「凄い人」と「凄いと思われたい人」
- めげている暇はない
- 具現する手順－三つの仕事分担
- 「成功の反対」にあるものは何？
- 結果から学ぶ
- 本当に自由な人
- 仕事はアート
- 行動の達人
- 芸風を変えよう！
- 上司は部下のプロデューサー
- 成功する鳥は群をなして飛ぶ
- 仲間を簡単に増やすコツ
- 遊びの達人
- 現状把握能力
  - コミュニケーションの重要性
    - スーパー聞き上手
      - 「どう感じているか？」に素直になろう
        - 日本語力を磨こう
          - 君も正しいし僕も正しい
            - 映像の伝わる話し方
              - 環境は本能に影響を与えていくのです
                - **成功のための25カ条**

ISBN4-921132-16-X　発行／発売：サンクチュアリ出版　定価：本体1200yen+税

HAPPY 10倍シリーズ

ヤマザキタクミ 初のプロデュース絵本
20代、30代に贈る「新世代ピクチャーエッセイ」

『しゃらしゃらDays』
~君は、どんな音をたてながら過ごしていますか?~

松本えつを 著

主人公のネコ、「ちこら」は「僕は一体、何がしたいのだろう…。」と悩み、ドロップアウトすることで「自由」と「しあわせ」を手に入れることができると信じて旅に出る。さて、ちこらの行く末は…?!

…成功や目標達成は決してミステリアスなものではなく、ある法則にしたがってしっかりと具体的に行動すると必ず手にできるものです。『しゃらしゃらDays』には成功や目標達成のための要素がきっちりと含まれています。これを読まれた方々は「しゃらしゃらビーム」を体中に喰らったのでは…と思います。
(ドキドキし始めたら効き目ありますよ~!)
あなたの中の「当たり前」を「しゃらしゃら」に変えてみてください。…

(山崎拓巳)

ISBN4-921132-14-3　発行/発売:サンクチュアリ出版　定価:本体1200yen+税

ぼさぼさ

期待の脱力絵本 第2弾!

ぼさぼさ

松本えつを 著

デブでもハゲでも君は君。
君がどんな髪型だって、
僕は君に気が付くよ。あはは ん…。

僕、ちこら。
剛毛の生えたネコ。

予価(本体1200円+税)
サンクチュアリ出版より。2002年2月全国発売予定!!

ココロの風邪、治ります。

See ya !